AF370002

VENTE

du Vendredi 29 Mars 1901

HOTEL DROUOT, SALLE N° **1**

à deux heures

TABLEAUX

ANCIENS

PANNEAUX DÉCORATIFS

Dessus de Portes

Mᵉ PAUL CHEVALLIER, commissaire-priseur

M. J. FÉRAL, expert

CATALOGUE

DE

TABLEAUX ANCIENS

DE DIVERSES ÉCOLES

PANNEAUX DÉCORATIFS

DESSUS DE PORTES

Dont la vente aura lieu

HOTEL DROUOT, SALLE N° I

Le Vendredi 29 Mars 1901

A DEUX HEURES

COMMISSAIRE-PRISEUR	EXPERT
Mᵉ P. CHEVALLIER	**M. J. FÉRAL**
10, rue Grange-Batelière	54, Faubourg Montmartre

EXPOSITION PUBLIQUE

Le Jeudi 28 Mars 1901, de 1 h. 1/2 à 5 h. 1/2

CONDITIONS DE LA VENTE

Elle sera faite au comptant.

Les adjudicataires paieront *dix pour cen*
en sus des enchères.

Paris.—Imprimerie de l'Art, E. Moreau et Cⁱᵉ, 41, rue de la Victoire.

DÉSIGNATION

1 — Trois cadres.

2 — *Femme jouant de la lyre.*
> Gravure de l'Ecole Française.

LESUEUR
(DEUX PENDANTS)

3 — *Le Départ du guerrier.*

4 — *Le Retour du guerrier.*
> Dessins à l'encre de Chine.
> Signés et datés l'an IV.

BOILLY (Attribué à L.)

5 — *Le Frère et la Sœur.*
> Dessin rehaussé d'aquarelle.

HUET (D'après J.-B.)

6 — *Animaux au repos.*
> Dessin au bistre.

ECOLE FRANÇAISE

7 — *Portrait d'Homme, coiffé d'une toque.*
> Pastel.

8 — Huit tableaux ou dessins sous ce numéro.

9 — Sept tableaux des Écoles Italienne et Fla-
mande.

10 — Quatorze tableaux anciens de diverses
écoles.

RUBENS (École de)

11 — *Buste d'Homme.*

BASSAN (École du)

12 — *Le Repos des fermiers.*

FRANCK (École des)

13 — *Le Christ ressuscitant un mort.*

ROSA (Salvator)
(deux pendants)

14 — *Paysages d'Italie, avec bergers et leurs
troupeaux.*

Cadres en bois sculpté.

HEEM (Genre de D. de)

15 — *Fruits, légumes et poissons.*

LOCATELLI

16 — *Paysans au repos.*

TENIERS (D'après David)

17 — *Le Bon Riche.*

ÉCOLE ALLEMANDE

18 — *Portrait d'une Princesse, portant un corsage orné de perles.*

STEEN (Ecole de J.)

19 — *La Dispute au cabaret.*

ÉCOLE ITALIENNE

20 — *Portrait présumé d'une Duchesse de Mantoue.*

VELASQUEZ (D'après)

21 — *Portrait d'une Infante.*

LEMOINE (Attribué à)

22 — *Sacrifice à Bacchus.*

MIGNARD (D'après)

23 — *Portrait présumé de Mme de Montespan.*

ÉCOLE HOLLANDAISE

24 — *Portrait d'une Fillette en riche costume, collerette et bonnet de dentelles.*

ÉCOLE ESPAGNOLE
(DEUX PENDANTS)

25 — *Portrait de Femme, tenant un bouquet de fleurs.*

26 — *Portrait d'un Maréchal.*

MIGNARD (École de)

27 — *Portrait de Femme, coiffée d'une mantille.*

BRONZINO (Attribué au)

28 — *Portrait d'une Princesse en riche costume, orné d'une chaîne d'or.*

COELLO (Attribué à S.)

29 — *Fillette en riche costume, tenant une rose.*

ÉCOLE HOLLANDAISE

30 — *Portrait d'une Fillette en robe rouge, caressant un chien.*

DROLLING

31 — *La Fileuse.*

COELLO (Genre de S.)

32 — *Portrait d'une Jeune Dame de qualité.*
Vue en pied, en riche costume, orné de bijoux, de broderies et d'une collerette de dentelles.

RICCI (Sébastien)

33 — *Composition allégorique.*
Projet pour un plafond.

RIGAUD (École de H.)

34 — *Portraits d'une Famille noble.*

VELASQUEZ (École de)

35 — *Portrait de Philippe IV.*

Représenté en pied, en costume noir, orné de bijoux et de chaînes d'or.

ÉCOLE ITALIENNE

36 — *Ville incendiée au bord de la mer.*

Au premier plan, on décharge un bateau, des cavaliers animent une route, traversant un pont. Effet de nuit.

POURBUS (École des)

37 — *Portrait d'une Dame de qualité.*

Portant une robe de satin, brodée d'or et un collier de perles pendant sur sa poitrine.

ÉCOLE ITALIENNE

38 — *Portrait de Victor Amédée II.*

Le prince est représenté en pied, dans un riche costume orné de bijoux. La main gauche appuyée sur une table couverte d'un tapis rouge.

LONGHI (Attribué à)

39 — *Portrait de Dame.*

En costume rouge, richement orné de dentelles, assise dans un fauteuil à haut dossier.

FISCHETTI
(DEUX PENDANTS)

40 — *Sujets mythologiques.*

Jolis tableaux signés en toutes lettres.

TIEPOLO (Dominique)

41 — *L'Astronomie.*

Figure allégorique.
Toile de forme ovale.

VAN LOO et PARROCEL

42 — *Les Plaisirs du bivouac.*

Un officier est assis au centre, près d'une jeune femme levant son verre. A droite et à gauche, des soldats boivent ou dansent.

Bon et important tableau dont le groupe central revèle la facture de Carle Van Loo.

ÉCOLE FRANÇAISE

43 — *Importante décoration du temps de Louis XVI.*

Représentant des figures allégoriques, des jeux d'amours dans des médaillons en bas-relief, ornés de guirlandes, de mascarons, de vases et divers motifs architecturaux peints en grisaille sur fond vert, composée de trois panneaux principaux.

Dont deux mesurent chacun :

Haut., 2 m. 70 cent.; larg., 2 m. 10 cent.

Le troisième panneau :

Haut., 2 m. 70 cent.; larg., 1 m. 42 cent.

Quatre petits panneaux dont deux mesurent chacun :

Haut., 2 m. 70 cent.; larg., 55 cent.

Et deux autres chacun :

Haut., 2 m. 70 cent.; larg., 55 cent.

Et deux dessus de portes mesurant chacun :

Haut., 75 cent.; larg., 1 m. 10 cent.

REY (P.)

44 — *Rochers au bord de la mer.*

Bateau et personnages.
Quatre panneaux décoratifs.
Signés et datés 1788.

Haut., 1 m. 95 cent.; larg., 1 mètre.

HONDEKOETER (Attribuée à G.)

45 — *Décoration représentant des oiseaux dans un paysage.*

Composée de quatre grands panneaux mesurant chacun :

Haut., 2 m. 70 cent.; sur 1 m. à 1 m. 20 cent.

Et deux petits panneaux mesurant l'un :

Haut., 1 m. 35 cent.; larg., 72 cent.

L'autre :

Haut., 1 m. 82 cent.; larg., 70 cent.

FERRARI (Melchior)

46 — *Portrait d'un Ingénieur et de sa famille.*

Il est assis dans un fauteuil devant sa table de travail; près de lui, un jeune garçon en habit jaune; à droite, un jeune homme en robe de chambre devant un clavecin et un jeune abbé tenant une partition.
Important tableau d'un bel effet décoratif.
Signé à droite et daté Parme 1767.

Toile. Haut., 2 m. 35 cent.; larg., 1 m. 80 cent.

ÉCOLE ITALIENNE

47 — *Paysage avec constructions, cours d'eau, personnages et animaux.*

Quatre dessus de portes.
Toiles cintrées.

Haut., 80 cent.; larg., 1 mètre.

BOSSCHAERT

48 — *Bouquet de fleurs dans un vase en pierre.*

Haut., 1 m. 65 cent.; larg., 1 m. 18 cent.

CRIVELLI

49 — *Oiseaux aquatiques.*

Quatre dessus de porte.
Toiles. Haut., 80 cent.; larg., 1 m. 15 cent.

BOSSCHAERT

50 — *Fontaine ornée de fleurs.*

Signé à droite.
Cadre en bois sculpté.

Haut., 1. m. 50 cent.; larg., 2 mètres.

CARO (Signé P. D.)
(DEUX PENDANTS)

51 — *Chiens et gibiers.*

Dessus de portes.
Toiles. Haut., 75 cent.; larg., 1 m 02 cent.

SOLIMENE

52 — *La Sculpture, la Peinture, la Musique, la Littérature.*

> Quatre dessus de portes.
> Toiles de forme cintrée.
>> Haut., 80 cent.; larg., 1 m. 04 cent.

CRIVELLI

53 — *Dindons, poules et faisans.*

> Deux dessus de portes.
> Toiles. Haut., 88 cent.; larg., 1 m. 25 cent.

VAN UTRECHT

54 — *Oiseaux aquatiques.*

ROOS DE TIVOLI
(DEUX PENDANTS)

55 — *Animaux à l'abreuvoir.*

56 — *Animaux au repos.*

> Dessus de portes.
>> Haut., 84 cent.; larg., 1 m. 20 cent.

ÉCOLE ITALIENNE (XVIIIe siècle)

57 — *Le Concert champêtre.*

> Importante composition.

ÉCOLE ITATIENNE (xviiie siècle)

58 — *Les Jeunes Artistes.*

A droite, des enfants font de la peinture ou dessinent; à gauche, ils chantent ou ils jouent de divers instruments.

LAMPI (Genre de)

59 — *Portrait d'un Prince de la Maison de Savoie.*

MIGNARD (École de)

60 — *Portrait de Femme.*

Cadre en bois sculpté.

PESNE (Attribué à A.)

61 — *Portrait d'un Maréchal autrichien.*

LANCRET (D'après N.)

62 — *Les Joyeux Moissonneurs.*

ÉCOLE FRANÇAISE

63 — *Bossuet donnant l'extrême-onction au grand Dauphin.*

Importante composition.

ÉCOLE ITALIENNE

64 — *La Vierge et l'Enfant Jésus.*

Peinture avec rehauts d'or.

ÉCOLE FLORENTINE

65 — *La Vierge, l'Enfant Jésus et deux Saints personnages.*

Peinture sur fond d'or.

RIGAUD (École de)

(DEUX PENDANTS)

66 — *Portraits de Femme, à mi-corps.*

Toiles de forme ovale.
Cadres en bois sculpté.

RAOUX (Attribué à)

67 — *Jeune Femme en buste.*

Toile ovale.

DE TROY (Genre de F.)

68 — *Portrait de Femme en buste.*

Toile ovale.

FRANCK (École des)

69 — *Sainte Famille.*

Peinture sur cuivre.

HOGARTH (Attribué à)

70 — *Scènes burlesque.*

Quatre tableaux faisant pendants.

PRUD'HON (École de)

71 — *L'Amour dévoilé.*

CARAVAGE

72 — *La Mort d'Abel.*

    Signé à droite.
    Cadre en bois sculpté.

ÉCOLE ESPAGNOLE

73 — *Le Maçon et le Cordonnier.*

BERGHEM (D'après)

74 — *Bergers et animaux.*

REMBRANDT (Ecole de)

75 — *Le Philosophe.*

MARION

76 — *Trophée d'armes.*

    Cadre en bois sculpté.